>>>————————————————————<<<

THIS BOOK BELONGS TO

>>>————————————————————<<<

A

WEBSITE

B

EMAIL USED

C

USERNAME

D

E

PASSWORD

F

G

NOTES

H

I

WEBSITE

J

K

EMAIL USED

L

USERNAME

M

N

PASSWORD

O

P

NOTES

Q

R

WEBSITE

S

T

EMAIL USED

U

USERNAME

V

W

PASSWORD

X

Y

NOTES

Z

WEBSITE

A

B

EMAIL USED

C

USERNAME

D

PASSWORD

E

F

NOTES

G

H

I

WEBSITE

J

K

EMAIL USED

L

USERNAME

M

PASSWORD

N

O

NOTES

P

Q

R

WEBSITE

S

T

EMAIL USED

U

USERNAME

V

PASSWORD

W

X

NOTES

Y

Z

A
B
C
D
E
F
G
H
I
J
K
L
M
N
O
P
Q
R
S
T
U
V
W
X
Y
Z

WEBSITE

EMAIL USED

USERNAME

PASSWORD

NOTES

WEBSITE

EMAIL USED

USERNAME

PASSWORD

NOTES

WEBSITE

EMAIL USED

USERNAME

PASSWORD

NOTES

WEBSITE	A

EMAIL USED

USERNAME

PASSWORD

NOTES

WEBSITE	

EMAIL USED

USERNAME

PASSWORD

NOTES

WEBSITE	

EMAIL USED

USERNAME

PASSWORD

NOTES

A B C D E F G H I J K L M N O P Q R S T U V W X Y Z

A
B
C
D
E
F
G
H
I
J
K
L
M
N
O
P
Q
R
S
T
U
V
W
X
Y
Z

WEBSITE

EMAIL USED

USERNAME

PASSWORD

NOTES

WEBSITE

EMAIL USED

USERNAME

PASSWORD

NOTES

WEBSITE

EMAIL USED

USERNAME

PASSWORD

NOTES

WEBSITE

EMAIL USED

USERNAME

PASSWORD

NOTES

WEBSITE

EMAIL USED

USERNAME

PASSWORD

NOTES

WEBSITE

EMAIL USED

USERNAME

PASSWORD

NOTES

A
B
C
D
E
F
G
H
I
J
K
L
M
N
O
P
Q
R
S
T
U
V
W
X
Y
Z

A
B
C
D
E
F
G
H
I
J
K
L
M
N
O
P
Q
R
S
T
U
V
W
X
Y
Z

WEBSITE

EMAIL USED

USERNAME

PASSWORD

NOTES

WEBSITE

EMAIL USED

USERNAME

PASSWORD

NOTES

WEBSITE

EMAIL USED

USERNAME

PASSWORD

NOTES

WEBSITE

EMAIL USED

USERNAME

PASSWORD

NOTES

WEBSITE

EMAIL USED

USERNAME

PASSWORD

NOTES

WEBSITE

EMAIL USED

USERNAME

PASSWORD

NOTES

A
B
C
D
E
F
G
H
I
J
K
L
M
N
O
P
Q
R
S
T
U
V
W
X
Y
Z

A
B
C

WEBSITE

EMAIL USED

D USERNAME

E
F

PASSWORD

G
H

NOTES

I
J

WEBSITE

K
L

EMAIL USED

M USERNAME

N
O

PASSWORD

P
Q

NOTES

R
S

WEBSITE

T
U

EMAIL USED

V USERNAME

W
X

PASSWORD

Y
Z

NOTES

WEBSITE

EMAIL USED

USERNAME

PASSWORD

NOTES

WEBSITE

EMAIL USED

USERNAME

PASSWORD

NOTES

WEBSITE

EMAIL USED

USERNAME

PASSWORD

NOTES

A
B
C
D
E
F
G
H
I
J
K
L
M
N
O
P
Q
R
S
T
U
V
W
X
Y
Z

A
B

C | WEBSITE

EMAIL USED

D | USERNAME

E
F | PASSWORD

G
H | NOTES

I

J | WEBSITE

K
L | EMAIL USED

M | USERNAME

N
O | PASSWORD

P
Q | NOTES

R

S | WEBSITE

T
U | EMAIL USED

V | USERNAME

W | PASSWORD

X

Y | NOTES

Z

WEBSITE

EMAIL USED

USERNAME

PASSWORD

NOTES

WEBSITE

EMAIL USED

USERNAME

PASSWORD

NOTES

WEBSITE

EMAIL USED

USERNAME

PASSWORD

NOTES

A
B
C
D
E
F
G
H
I
J
K
L
M
N
O
P
Q
R
S
T
U
V
W
X
Y
Z

13

A
B

WEBSITE

C EMAIL USED

D USERNAME

E
F PASSWORD

G
H NOTES

I

J WEBSITE

K
L EMAIL USED

M USERNAME

N PASSWORD

O

P NOTES

Q

R

S WEBSITE

T
U EMAIL USED

V USERNAME

W PASSWORD

X

Y NOTES

Z

14

WEBSITE

EMAIL USED

USERNAME

PASSWORD

NOTES

WEBSITE

EMAIL USED

USERNAME

PASSWORD

NOTES

WEBSITE

EMAIL USED

USERNAME

PASSWORD

NOTES

A
B
C
D
E
F
G
H
I
J
K
L
M
N
O
P
Q
R
S
T
U
V
W
X
Y
Z

A
B

WEBSITE

C EMAIL USED

D USERNAME

E
PASSWORD
F

G
NOTES
H

I

J

WEBSITE

K

L EMAIL USED

M USERNAME

N
PASSWORD
O

P
NOTES
Q

R

S

WEBSITE

T

U EMAIL USED

V USERNAME

W
PASSWORD
X

Y
NOTES
Z

WEBSITE

EMAIL USED

USERNAME

PASSWORD

NOTES

WEBSITE

EMAIL USED

USERNAME

PASSWORD

NOTES

WEBSITE

EMAIL USED

USERNAME

PASSWORD

NOTES

A
B
C
D
E
F
G
H
I
J
K
L
M
N
O
P
Q
R
S
T
U
V
W
X
Y
Z

A
B

WEBSITE

C EMAIL USED

D USERNAME

E PASSWORD

F

G NOTES

H

I

J

WEBSITE

K

L EMAIL USED

M USERNAME

N PASSWORD

O

P NOTES

Q

R

S

WEBSITE

T

U EMAIL USED

V USERNAME

W PASSWORD

X

Y NOTES

Z

WEBSITE

EMAIL USED

USERNAME

PASSWORD

NOTES

WEBSITE

EMAIL USED

USERNAME

PASSWORD

NOTES

WEBSITE

EMAIL USED

USERNAME

PASSWORD

NOTES

A
B
C
D
E
F
G
H
I
J
K
L
M
N
O
P
Q
R
S
T
U
V
W
X
Y
Z

A
B

WEBSITE

C
EMAIL USED

D
USERNAME

E
PASSWORD

F

G
NOTES

H

I
J

WEBSITE

K
L
EMAIL USED

M
USERNAME

N
PASSWORD

O

P
NOTES

Q

R
S

WEBSITE

T
U
EMAIL USED

V
USERNAME

W
PASSWORD

X

Y
NOTES

Z

WEBSITE

EMAIL USED

USERNAME

PASSWORD

NOTES

WEBSITE

EMAIL USED

USERNAME

PASSWORD

NOTES

WEBSITE

EMAIL USED

USERNAME

PASSWORD

NOTES

A
B
C
D
E
F
G
H
I
J
K
L
M
N
O
P
Q
R
S
T
U
V
W
X
Y
Z

A
B

WEBSITE

C
EMAIL USED

D
USERNAME

E
PASSWORD

F

G
NOTES

H

I

J

WEBSITE

K
EMAIL USED

L

M
USERNAME

N
PASSWORD

O

P
NOTES

Q

R

S

WEBSITE

T
EMAIL USED

U

V
USERNAME

W
PASSWORD

X

Y
NOTES

Z

WEBSITE

EMAIL USED

USERNAME

PASSWORD

NOTES

WEBSITE

EMAIL USED

USERNAME

PASSWORD

NOTES

WEBSITE

EMAIL USED

USERNAME

PASSWORD

NOTES

A
B
C
D
E
F
G
H
I
J
K
L
M
N
O
P
Q
R
S
T
U
V
W
X
Y
Z

A
B

WEBSITE

C EMAIL USED

D USERNAME

E
F PASSWORD

G
H NOTES

I
J

WEBSITE

K
L EMAIL USED

M USERNAME

N PASSWORD

O

P NOTES
Q

R
S

WEBSITE

T
U EMAIL USED

V USERNAME

W PASSWORD
X

Y NOTES
Z

WEBSITE

EMAIL USED

USERNAME

PASSWORD

NOTES

WEBSITE

EMAIL USED

USERNAME

PASSWORD

NOTES

WEBSITE

EMAIL USED

USERNAME

PASSWORD

NOTES

A
B
C
D
E
F
G
H
I
J
K
L
M
N
O
P
Q
R
S
T
U
V
W
X
Y
Z

A
B
C
D
E
F
G
H
I
J
K
L
M
N
O
P
Q
R
S
T
U
V
W
X
Y
Z

WEBSITE

EMAIL USED

USERNAME

PASSWORD

NOTES

WEBSITE

EMAIL USED

USERNAME

PASSWORD

NOTES

WEBSITE

EMAIL USED

USERNAME

PASSWORD

NOTES

WEBSITE	

EMAIL USED

USERNAME

PASSWORD

NOTES

WEBSITE	

EMAIL USED

USERNAME

PASSWORD

NOTES

WEBSITE	

EMAIL USED

USERNAME

PASSWORD

NOTES

A
B
C
D
E
F
G
H
I
J
K
L
M
N
O
P
Q
R
S
T
U
V
W
X
Y
Z

27

A
B

WEBSITE

C EMAIL USED

D USERNAME

E
F PASSWORD

G
H NOTES

I

J WEBSITE

K
L EMAIL USED

M USERNAME

N PASSWORD

O

P NOTES

Q

R

S WEBSITE

T
U EMAIL USED

V USERNAME

W PASSWORD

X

Y NOTES

Z

WEBSITE

EMAIL USED

USERNAME

PASSWORD

NOTES

WEBSITE

EMAIL USED

USERNAME

PASSWORD

NOTES

WEBSITE

EMAIL USED

USERNAME

PASSWORD

NOTES

A
B
C
D
E
F
G
H
I
J
K
L
M
N
O
P
Q
R
S
T
U
V
W
X
Y
Z

A
B

WEBSITE

C EMAIL USED

D USERNAME

E
F PASSWORD

G
H NOTES

I
J

WEBSITE

K
L EMAIL USED

M USERNAME

N
O PASSWORD

P
Q NOTES

R
S

WEBSITE

T
U EMAIL USED

V USERNAME

W
X PASSWORD

Y NOTES
Z

WEBSITE

EMAIL USED

USERNAME

PASSWORD

NOTES

WEBSITE

EMAIL USED

USERNAME

PASSWORD

NOTES

WEBSITE

EMAIL USED

USERNAME

PASSWORD

NOTES

A
B
C
D
E
F
G
H
I
J
K
L
M
N
O
P
Q
R
S
T
U
V
W
X
Y
Z

A

B

C

D

E

F

G

H

I

J

K

L

M

N

O

P

Q

R

S

T

U

V

W

X

Y

Z

WEBSITE

EMAIL USED

USERNAME

PASSWORD

NOTES

WEBSITE

EMAIL USED

USERNAME

PASSWORD

NOTES

WEBSITE

EMAIL USED

USERNAME

PASSWORD

NOTES

WEBSITE

EMAIL USED

USERNAME

PASSWORD

NOTES

WEBSITE

EMAIL USED

USERNAME

PASSWORD

NOTES

WEBSITE

EMAIL USED

USERNAME

PASSWORD

NOTES

A
B
C
D
E
F
G
H
I
J
K
L
M
N
O
P
Q
R
S
T
U
V
W
X
Y
Z

A
B

WEBSITE

C
EMAIL USED

D
USERNAME

E
F
PASSWORD

G
H
NOTES

I

J
WEBSITE

K
L
EMAIL USED

M
USERNAME

N
PASSWORD

O

P
NOTES

Q
R

S
WEBSITE

T
U
EMAIL USED

V
USERNAME

W
PASSWORD

X

Y
NOTES

Z

WEBSITE

EMAIL USED

USERNAME

PASSWORD

NOTES

WEBSITE

EMAIL USED

USERNAME

PASSWORD

NOTES

WEBSITE

EMAIL USED

USERNAME

PASSWORD

NOTES

A
B
C
D
E
F
G
H
I
J
K
L
M
N
O
P
Q
R
S
T
U
V
W
X
Y
Z

A
B

WEBSITE

C EMAIL USED

D USERNAME

E
F PASSWORD

G
H NOTES

| I |

J WEBSITE
K

L EMAIL USED

M USERNAME

N PASSWORD
O

P NOTES
Q

R

S WEBSITE
T

U EMAIL USED

V USERNAME

W PASSWORD
X

Y NOTES
Z

WEBSITE

EMAIL USED

USERNAME

PASSWORD

NOTES

WEBSITE

EMAIL USED

USERNAME

PASSWORD

NOTES

WEBSITE

EMAIL USED

USERNAME

PASSWORD

NOTES

A
B
C
D
E
F
G
H
I
J
K
L
M
N
O
P
Q
R
S
T
U
V
W
X
Y
Z

A
B

WEBSITE

C EMAIL USED

D USERNAME

E
F PASSWORD

G
H NOTES

I

J WEBSITE

K
L EMAIL USED

M USERNAME

N PASSWORD
O

P NOTES
Q

R

S WEBSITE

T
U EMAIL USED

V USERNAME

W PASSWORD
X

Y NOTES
Z

WEBSITE

EMAIL USED

USERNAME

PASSWORD

NOTES

WEBSITE

EMAIL USED

USERNAME

PASSWORD

NOTES

WEBSITE

EMAIL USED

USERNAME

PASSWORD

NOTES

A
B
C
D
E
F
G
H
I
J
K
L
M
N
O
P
Q
R
S
T
U
V
W
X
Y
Z

A
B
C

WEBSITE

EMAIL USED

USERNAME

PASSWORD

NOTES

D
E
F
G
H
I
J
K
L

WEBSITE

EMAIL USED

USERNAME

PASSWORD

NOTES

M
N
O
P
Q
R
S
T

WEBSITE

EMAIL USED

USERNAME

PASSWORD

NOTES

U
V
W
X
Y
Z

WEBSITE

EMAIL USED

USERNAME

PASSWORD

NOTES

WEBSITE

EMAIL USED

USERNAME

PASSWORD

NOTES

WEBSITE

EMAIL USED

USERNAME

PASSWORD

NOTES

A
B
C
D
E
F
G
H
I
J
K
L
M
N
O
P
Q
R
S
T
U
V
W
X
Y
Z

A
B

WEBSITE

C
EMAIL USED

D
USERNAME

E

PASSWORD

F

G

NOTES

H

I

J

WEBSITE

K

L
EMAIL USED

M
USERNAME

N
PASSWORD

O

P

NOTES

Q

R

S

WEBSITE

T

U
EMAIL USED

V
USERNAME

W
PASSWORD

X

Y
NOTES

Z

WEBSITE

EMAIL USED

USERNAME

PASSWORD

NOTES

WEBSITE

EMAIL USED

USERNAME

PASSWORD

NOTES

WEBSITE

EMAIL USED

USERNAME

PASSWORD

NOTES

A
B
C
D
E
F
G
H
I
J
K
L
M
N
O
P
Q
R
S
T
U
V
W
X
Y
Z

A
B

WEBSITE

C EMAIL USED

D USERNAME

E
F PASSWORD

G
H NOTES

I

J WEBSITE

K

L EMAIL USED

M USERNAME

N PASSWORD

O

P NOTES

Q

R

S WEBSITE

T

U EMAIL USED

V USERNAME

W PASSWORD

X

Y NOTES

Z

44

WEBSITE

EMAIL USED

USERNAME

PASSWORD

NOTES

WEBSITE

EMAIL USED

USERNAME

PASSWORD

NOTES

WEBSITE

EMAIL USED

USERNAME

PASSWORD

NOTES

A
B
C
D
E
F
G
H
I
J
K
L
M
N
O
P
Q
R
S
T
U
V
W
X
Y
Z

A
B

WEBSITE

C EMAIL USED

D USERNAME

E
PASSWORD
F

G
NOTES
H

I

J WEBSITE

K

L EMAIL USED

M USERNAME

N PASSWORD

O

P NOTES

Q

R

S WEBSITE

T

U EMAIL USED

V USERNAME

W PASSWORD

X

Y NOTES

Z

WEBSITE

EMAIL USED

USERNAME

PASSWORD

NOTES

WEBSITE

EMAIL USED

USERNAME

PASSWORD

NOTES

WEBSITE

EMAIL USED

USERNAME

PASSWORD

NOTES

A
B
C
D
E
F
G
H
I
J
K
L
M
N
O
P
Q
R
S
T
U
V
W
X
Y
Z

A
B

WEBSITE

C
EMAIL USED

D
USERNAME

E
F
PASSWORD

G
H
NOTES

I
J

WEBSITE

K
L
EMAIL USED

M
USERNAME

N
O
PASSWORD

P
Q
NOTES

R
S

WEBSITE

T
U
EMAIL USED

V
USERNAME

W
X
PASSWORD

Y
Z
NOTES

WEBSITE

EMAIL USED

USERNAME

PASSWORD

NOTES

WEBSITE

EMAIL USED

USERNAME

PASSWORD

NOTES

WEBSITE

EMAIL USED

USERNAME

PASSWORD

NOTES

A
B
C
D
E
F
G
H
I
J
K
L
M
N
O
P
Q
R
S
T
U
V
W
X
Y
Z

A
B

WEBSITE

C EMAIL USED

D USERNAME

E
F PASSWORD

G
H NOTES

I

J WEBSITE

K
L EMAIL USED

M USERNAME

N PASSWORD
O

P NOTES
Q

R

S WEBSITE

T
U EMAIL USED

V USERNAME

W PASSWORD
X

Y NOTES
Z

WEBSITE

EMAIL USED

USERNAME

PASSWORD

NOTES

WEBSITE

EMAIL USED

USERNAME

PASSWORD

NOTES

WEBSITE

EMAIL USED

USERNAME

PASSWORD

NOTES

A
B
C
D
E
F
G
H
I
J
K
L
M
N
O
P
Q
R
S
T
U
V
W
X
Y
Z

A
B
WEBSITE

C **EMAIL USED**

D **USERNAME**

E
F **PASSWORD**

G
H **NOTES**

I
J
WEBSITE

K
L **EMAIL USED**

M **USERNAME**

N **PASSWORD**

O

P **NOTES**

Q

R
S
WEBSITE

T
U **EMAIL USED**

V **USERNAME**

W **PASSWORD**

X

Y **NOTES**

Z

WEBSITE	A
	B

EMAIL USED	C

USERNAME	D

PASSWORD	E
	F

NOTES	G
	H
	I

WEBSITE	J
	K

EMAIL USED	L

USERNAME	M

PASSWORD	N
	O

NOTES	P
	Q
	R

WEBSITE	S
	T

EMAIL USED	U

USERNAME	V

PASSWORD	W
	X

NOTES	Y
	Z

A
B

WEBSITE

C | EMAIL USED

D | USERNAME

E
F | PASSWORD

G
H | NOTES

I

J

WEBSITE

K
L | EMAIL USED

M | USERNAME

N | PASSWORD

O

P | NOTES

Q

R

S

WEBSITE

T
U | EMAIL USED

V | USERNAME

W | PASSWORD

X

Y | NOTES

Z

WEBSITE

EMAIL USED

USERNAME

PASSWORD

NOTES

WEBSITE

EMAIL USED

USERNAME

PASSWORD

NOTES

WEBSITE

EMAIL USED

USERNAME

PASSWORD

NOTES

A
B
C
D
E
F
G
H
I
J
K
L
M
N
O
P
Q
R
S
T
U
V
W
X
Y
Z

A
B

WEBSITE

C EMAIL USED

D USERNAME

E
F PASSWORD

G
H NOTES

I
J WEBSITE

K
L EMAIL USED

M USERNAME

N PASSWORD
O

P NOTES
Q

R
S WEBSITE

T
U EMAIL USED

V USERNAME

W PASSWORD
X

Y NOTES
Z

WEBSITE

EMAIL USED

USERNAME

PASSWORD

NOTES

WEBSITE

EMAIL USED

USERNAME

PASSWORD

NOTES

WEBSITE

EMAIL USED

USERNAME

PASSWORD

NOTES

A
B
C
D
E
F
G
H
I
J
K
L
M
N
O
P
Q
R
S
T
U
V
W
X
Y
Z

A
B

WEBSITE

C | EMAIL USED

D | USERNAME

E
F | PASSWORD

G
H | NOTES

I
J

WEBSITE

K
L | EMAIL USED

M | USERNAME

N
O | PASSWORD

P
Q | NOTES

R
S

WEBSITE

T
U | EMAIL USED

V | USERNAME

W
X | PASSWORD

Y | NOTES

Z

58

WEBSITE

EMAIL USED

USERNAME

PASSWORD

NOTES

WEBSITE

EMAIL USED

USERNAME

PASSWORD

NOTES

WEBSITE

EMAIL USED

USERNAME

PASSWORD

NOTES

A
B
C
D
E
F
G
H
I
J
K
L
M
N
O
P
Q
R
S
T
U
V
W
X
Y
Z

A
B

WEBSITE

C EMAIL USED

D USERNAME

E
PASSWORD
F

G
NOTES
H

I

J WEBSITE

K

L EMAIL USED

M USERNAME

N PASSWORD

O

P
NOTES
Q

R

S WEBSITE

T

U EMAIL USED

V USERNAME

W PASSWORD

X

Y NOTES

Z

WEBSITE

EMAIL USED

USERNAME

PASSWORD

NOTES

WEBSITE

EMAIL USED

USERNAME

PASSWORD

NOTES

WEBSITE

EMAIL USED

USERNAME

PASSWORD

NOTES

A
B
C
D
E
F
G
H
I
J
K
L
M
N
O
P
Q
R
S
T
U
V
W
X
Y
Z

A
B

WEBSITE

C EMAIL USED

D USERNAME

E
F PASSWORD

G
H NOTES

I

J

WEBSITE

K
L EMAIL USED

M USERNAME

N PASSWORD

O

P NOTES

Q

R

S

WEBSITE

T
U EMAIL USED

V USERNAME

W PASSWORD

X

Y NOTES

Z

WEBSITE

EMAIL USED

USERNAME

PASSWORD

NOTES

WEBSITE

EMAIL USED

USERNAME

PASSWORD

NOTES

WEBSITE

EMAIL USED

USERNAME

PASSWORD

NOTES

A
B
C
D
E
F
G
H
I
J
K
L
M
N
O
P
Q
R
S
T
U
V
W
X
Y
Z

A
B

WEBSITE

C EMAIL USED

D USERNAME

E
PASSWORD
F

G
NOTES
H

I

J WEBSITE

K
L EMAIL USED

M USERNAME

N PASSWORD

O

P
NOTES
Q

R

S WEBSITE

T
U EMAIL USED

V USERNAME

W PASSWORD

X

Y
NOTES
Z

WEBSITE

EMAIL USED

USERNAME

PASSWORD

NOTES

WEBSITE

EMAIL USED

USERNAME

PASSWORD

NOTES

WEBSITE

EMAIL USED

USERNAME

PASSWORD

NOTES

A
B
C
D
E
F
G
H
I
J
K
L
M
N
O
P
Q
R
S
T
U
V
W
X
Y
Z

A
B

WEBSITE

C
EMAIL USED

D
USERNAME

E
F
PASSWORD

G
H
NOTES

I
J

WEBSITE

K
L
EMAIL USED

M
USERNAME

N
O
PASSWORD

P
Q
NOTES

R
S

WEBSITE

T
U
EMAIL USED

V
USERNAME

W
X
PASSWORD

Y
Z
NOTES

WEBSITE

EMAIL USED

USERNAME

PASSWORD

NOTES

WEBSITE

EMAIL USED

USERNAME

PASSWORD

NOTES

WEBSITE

EMAIL USED

USERNAME

PASSWORD

NOTES

A
B
C
D
E
F
G
H
I
J
K
L
M
N
O
P
Q
R
S
T
U
V
W
X
Y
Z

A
B
C
D
E
F
G
H
I
J
K
L
M
N
O
P
Q
R
S
T
U
V
W
X
Y
Z

WEBSITE

EMAIL USED

USERNAME

PASSWORD

NOTES

WEBSITE

EMAIL USED

USERNAME

PASSWORD

NOTES

WEBSITE

EMAIL USED

USERNAME

PASSWORD

NOTES

WEBSITE

EMAIL USED

USERNAME

PASSWORD

NOTES

WEBSITE

EMAIL USED

USERNAME

PASSWORD

NOTES

WEBSITE

EMAIL USED

USERNAME

PASSWORD

NOTES

A
B
C
D
E
F
G
H
I
J
K
L
M
N
O
P
Q
R
S
T
U
V
W
X
Y
Z

A
B

C
WEBSITE

EMAIL USED

D
USERNAME

E
F
PASSWORD

G
H
NOTES

I

J
WEBSITE

K
L
EMAIL USED

M
USERNAME

N
O
PASSWORD

P
Q
NOTES

R

S
WEBSITE

T
U
EMAIL USED

V
USERNAME

W
PASSWORD

X

Y
NOTES

Z

WEBSITE

EMAIL USED

USERNAME

PASSWORD

NOTES

WEBSITE

EMAIL USED

USERNAME

PASSWORD

NOTES

WEBSITE

EMAIL USED

USERNAME

PASSWORD

NOTES

A
B
C
D
E
F
G
H
I
J
K
L
M
N
O
P
Q
R
S
T
U
V
W
X
Y
Z

A
B
C
D
E
F
G
H
I
J
K
L
M
N
O
P
Q
R
S
T
U
V
W
X
Y
Z

WEBSITE

EMAIL USED

USERNAME

PASSWORD

NOTES

WEBSITE

EMAIL USED

USERNAME

PASSWORD

NOTES

WEBSITE

EMAIL USED

USERNAME

PASSWORD

NOTES

WEBSITE

EMAIL USED

USERNAME

PASSWORD

NOTES

WEBSITE

EMAIL USED

USERNAME

PASSWORD

NOTES

WEBSITE

EMAIL USED

USERNAME

PASSWORD

NOTES

A
B
C
D
E
F
G
H
I
J
K
L
M
N
O
P
Q
R
S
T
U
V
W
X
Y
Z

A
B
C

WEBSITE

EMAIL USED

USERNAME

PASSWORD

NOTES

D
E
F
G
H
I
J
K

WEBSITE

EMAIL USED

USERNAME

PASSWORD

NOTES

L
M
N
O
P
Q
R
S
T

WEBSITE

EMAIL USED

USERNAME

PASSWORD

NOTES

U
V
W
X
Y
Z

WEBSITE

EMAIL USED

USERNAME

PASSWORD

NOTES

WEBSITE

EMAIL USED

USERNAME

PASSWORD

NOTES

WEBSITE

EMAIL USED

USERNAME

PASSWORD

NOTES

A
B
C
D
E
F
G
H
I
J
K
L
M
N
O
P
Q
R
S
T
U
V
W
X
Y
Z

A
B

WEBSITE

C

EMAIL USED

D

USERNAME

E
F

PASSWORD

G
H

NOTES

I
J

WEBSITE

K
L

EMAIL USED

M

USERNAME

N
O

PASSWORD

P
Q

NOTES

R
S

WEBSITE

T
U

EMAIL USED

V

USERNAME

W
X

PASSWORD

Y
Z

NOTES

WEBSITE

EMAIL USED

USERNAME

PASSWORD

NOTES

WEBSITE

EMAIL USED

USERNAME

PASSWORD

NOTES

WEBSITE

EMAIL USED

USERNAME

PASSWORD

NOTES

A
B
C
D
E
F
G
H
I
J
K
L
M
N
O
P
Q
R
S
T
U
V
W
X
Y
Z

A
B

WEBSITE

C
EMAIL USED

D
USERNAME

E
F
PASSWORD

G
H
NOTES

I
J

WEBSITE

K
L
EMAIL USED

M
USERNAME

N
O
PASSWORD

P
Q
NOTES

R
S

WEBSITE

T
U
EMAIL USED

V
USERNAME

W
X
PASSWORD

Y
Z
NOTES

WEBSITE

EMAIL USED

USERNAME

PASSWORD

NOTES

WEBSITE

EMAIL USED

USERNAME

PASSWORD

NOTES

WEBSITE

EMAIL USED

USERNAME

PASSWORD

NOTES

A
B
C
D
E
F
G
H
I
J
K
L
M
N
O
P
Q
R
S
T
U
V
W
X
Y
Z

A
B

WEBSITE

C

EMAIL USED

D

USERNAME

E
F

PASSWORD

G
H

NOTES

I
J

WEBSITE

K
L

EMAIL USED

M

USERNAME

N
O

PASSWORD

P
Q

NOTES

R
S

WEBSITE

T
U

EMAIL USED

V

USERNAME

W
X

PASSWORD

Y
Z

NOTES

WEBSITE

EMAIL USED

USERNAME

PASSWORD

NOTES

WEBSITE

EMAIL USED

USERNAME

PASSWORD

NOTES

WEBSITE

EMAIL USED

USERNAME

PASSWORD

NOTES

A
B
C
D
E
F
G
H
I
J
K
L
M
N
O
P
Q
R
S
T
U
V
W
X
Y
Z

A
B

WEBSITE

C
EMAIL USED

D
USERNAME

E
PASSWORD
F

G
NOTES
H

I
J

WEBSITE

K
L
EMAIL USED

M
USERNAME

N
PASSWORD
O

P
NOTES
Q

R
S

WEBSITE

T
U
EMAIL USED

V
USERNAME

W
PASSWORD
X

Y
NOTES
Z

WEBSITE

EMAIL USED

USERNAME

PASSWORD

NOTES

WEBSITE

EMAIL USED

USERNAME

PASSWORD

NOTES

WEBSITE

EMAIL USED

USERNAME

PASSWORD

NOTES

A
B
C
D
E
F
G
H
I
J
K
L
M
N
O
P
Q
R
S
T
U
V
W
X
Y
Z

A
B
WEBSITE

C EMAIL USED

D USERNAME

E
F PASSWORD

G
H NOTES

I
J
WEBSITE

K
L EMAIL USED

M USERNAME

N PASSWORD

O

P NOTES

Q

R
S
WEBSITE

T
U EMAIL USED

V USERNAME

W PASSWORD

X

Y NOTES

Z

84

WEBSITE

EMAIL USED

USERNAME

PASSWORD

NOTES

WEBSITE

EMAIL USED

USERNAME

PASSWORD

NOTES

WEBSITE

EMAIL USED

USERNAME

PASSWORD

NOTES

A
B
C
D
E
F
G
H
I
J
K
L
M
N
O
P
Q
R
S
T
U
V
W
X
Y
Z

A
B

WEBSITE

C EMAIL USED

D USERNAME

E

F PASSWORD

G

H NOTES

I
J

WEBSITE

K

L EMAIL USED

M USERNAME

N PASSWORD

O

P NOTES

Q

R
S

WEBSITE

T

U EMAIL USED

V USERNAME

W PASSWORD

X

Y NOTES

Z

WEBSITE

EMAIL USED

USERNAME

PASSWORD

NOTES

WEBSITE

EMAIL USED

USERNAME

PASSWORD

NOTES

WEBSITE

EMAIL USED

USERNAME

PASSWORD

NOTES

A
B
C
D
E
F
G
H
I
J
K
L
M
N
O
P
Q
R
S
T
U
V
W
X
Y
Z

A
B

WEBSITE

C EMAIL USED

D USERNAME

E
PASSWORD
F

G
NOTES
H

I

J

WEBSITE

K
L EMAIL USED

M USERNAME

N
PASSWORD
O

P
NOTES
Q

R

S

WEBSITE

T
U EMAIL USED

V USERNAME

W
PASSWORD
X

Y
NOTES
Z

WEBSITE

EMAIL USED

USERNAME

PASSWORD

NOTES

WEBSITE

EMAIL USED

USERNAME

PASSWORD

NOTES

WEBSITE

EMAIL USED

USERNAME

PASSWORD

NOTES

A
B
C
D
E
F
G
H
I
J
K
L
M
N
O
P
Q
R
S
T
U
V
W
X
Y
Z

A
B

WEBSITE

C EMAIL USED

D USERNAME

E
F PASSWORD

G
H NOTES

I
J

WEBSITE

K
L EMAIL USED

M USERNAME

N PASSWORD

O

P NOTES
Q

R
S

WEBSITE

T
U EMAIL USED

V USERNAME

W PASSWORD

X
Y NOTES

Z

WEBSITE

EMAIL USED

USERNAME

PASSWORD

NOTES

WEBSITE

EMAIL USED

USERNAME

PASSWORD

NOTES

WEBSITE

EMAIL USED

USERNAME

PASSWORD

NOTES

A
B
C
D
E
F
G
H
I
J
K
L
M
N
O
P
Q
R
S
T
U
V
W
X
Y
Z

A
B

WEBSITE

C EMAIL USED

D USERNAME

E
F PASSWORD

G
H NOTES

I

J

WEBSITE

K
L EMAIL USED

M USERNAME

N PASSWORD

O

P NOTES

Q

R

S

WEBSITE

T
U EMAIL USED

V USERNAME

W PASSWORD

X

Y NOTES

Z

WEBSITE

EMAIL USED

USERNAME

PASSWORD

NOTES

WEBSITE

EMAIL USED

USERNAME

PASSWORD

NOTES

WEBSITE

EMAIL USED

USERNAME

PASSWORD

NOTES

A
B
C
D
E
F
G
H
I
J
K
L
M
N
O
P
Q
R
S
T
U
V
W
X
Y
Z

A
B

WEBSITE

C EMAIL USED

D USERNAME

E
F PASSWORD

G
H NOTES

I

J WEBSITE

K
L EMAIL USED

M USERNAME

N PASSWORD

O

P NOTES

Q

R

S WEBSITE

T
U EMAIL USED

V USERNAME

W PASSWORD

X

Y NOTES

Z

WEBSITE

EMAIL USED

USERNAME

PASSWORD

NOTES

WEBSITE

EMAIL USED

USERNAME

PASSWORD

NOTES

WEBSITE

EMAIL USED

USERNAME

PASSWORD

NOTES

A
B
C
D
E
F
G
H
I
J
K
L
M
N
O
P
Q
R
S
T
U
V
W
X
Y
Z

A
B

WEBSITE

C **EMAIL USED**

D **USERNAME**

E
PASSWORD
F

G
NOTES
H

I

J

WEBSITE

K
L **EMAIL USED**

M **USERNAME**

N **PASSWORD**
O

P **NOTES**
Q

R

S

WEBSITE

T
U **EMAIL USED**

V **USERNAME**

W **PASSWORD**

X

Y **NOTES**

Z

WEBSITE

EMAIL USED

USERNAME

PASSWORD

NOTES

WEBSITE

EMAIL USED

USERNAME

PASSWORD

NOTES

WEBSITE

EMAIL USED

USERNAME

PASSWORD

NOTES

A
B
C
D
E
F
G
H
I
J
K
L
M
N
O
P
Q
R
S
T
U
V
W
X
Y
Z

A
B

WEBSITE

C EMAIL USED

D USERNAME

E
PASSWORD
F

G
NOTES
H

I

J WEBSITE

K
L EMAIL USED

M USERNAME

N PASSWORD

O

P NOTES

Q

R

S WEBSITE

T
U EMAIL USED

V USERNAME

W PASSWORD

X

Y NOTES

Z

WEBSITE

EMAIL USED

USERNAME

PASSWORD

NOTES

WEBSITE

EMAIL USED

USERNAME

PASSWORD

NOTES

WEBSITE

EMAIL USED

USERNAME

PASSWORD

NOTES

A
B
C
D
E
F
G
H
I
J
K
L
M
N
O
P
Q
R
S
T
U
V
W
X
Y
Z

A

B

WEBSITE

C

EMAIL USED

D

USERNAME

E

PASSWORD

F

G

NOTES

H

I

J

WEBSITE

K

L

EMAIL USED

M

USERNAME

N

PASSWORD

O

P

NOTES

Q

R

S

WEBSITE

T

U

EMAIL USED

V

USERNAME

W

PASSWORD

X

Y

NOTES

Z

WEBSITE

EMAIL USED

USERNAME

PASSWORD

NOTES

WEBSITE

EMAIL USED

USERNAME

PASSWORD

NOTES

WEBSITE

EMAIL USED

USERNAME

PASSWORD

NOTES

A
B
C
D
E
F
G
H
I
J
K
L
M
N
O
P
Q
R
S
T
U
V
W
X
Y
Z

A
B

WEBSITE

C EMAIL USED

D USERNAME

E
F PASSWORD

G
H NOTES

I

J

WEBSITE

K
L EMAIL USED

M USERNAME

N PASSWORD

O

P NOTES

Q

R

S

WEBSITE

T
U EMAIL USED

V USERNAME

W PASSWORD

X

Y NOTES
Z

WEBSITE

EMAIL USED

USERNAME

PASSWORD

NOTES

WEBSITE

EMAIL USED

USERNAME

PASSWORD

NOTES

WEBSITE

EMAIL USED

USERNAME

PASSWORD

NOTES

A
B
C
D
E
F
G
H
I
J
K
L
M
N
O
P
Q
R
S
T
U
V
W
X
Y
Z

A
B

WEBSITE

C EMAIL USED

D USERNAME

E
PASSWORD
F

G
NOTES
H

I

J WEBSITE

K
L EMAIL USED

M USERNAME

N PASSWORD
O

P
NOTES
Q

R

S WEBSITE

T
U EMAIL USED

V USERNAME

W PASSWORD
X

Y NOTES
Z

WEBSITE

EMAIL USED

USERNAME

PASSWORD

NOTES

WEBSITE

EMAIL USED

USERNAME

PASSWORD

NOTES

WEBSITE

EMAIL USED

USERNAME

PASSWORD

NOTES

A
B
C
D
E
F
G
H
I
J
K
L
M
N
O
P
Q
R
S
T
U
V
W
X
Y
Z

NOTES

NOTES

NOTES

Made in the USA
Las Vegas, NV
19 April 2024

88879969R00066